Meine besten Rezepte zum Eintragen und Sammeln

Blanko
Rezeptbuch
Eintragbuch
Kochbuch für Lieblingsrezepte
selbst gesammelt und notiert

Anja Beck

Bibliografische Information der Deutschen Nationalbibliothek:
Die Deutsche Nationalbibliothek verzeichnet diese Publikation in der Deutschen Nationalbibliografie; detaillierte bibliografische Daten sind im Internet über http://dnb.dnb.de abrufbar.

1. Auflage 2017
Cover-Titelbild: © Can Stock Photo / Valya
Copyright © 2017 Anja Beck
Alle Rechte vorbehalten

Herstellung und Verlag: BoD – Books on Demand, Norderstedt
ISBN 9783743166189

Inhaltsverzeichnis:

S. 1: _____ S. 2: _____

S. 3: _____ S. 4: _____

S. 5: _____ S. 6: _____

S. 7: _____ S. 8: _____

S. 9: _____ S.10: _____

S. 11: _____ S.12: _____

S. 13: _____ S.14: _____

S. 15: _____ S.16: _____

S. 17: _____ S.18: _____

S. 19: _____ S.20: _____

S. 21: _____ S.22: _____

S. 23: _____ S.24: _____

S. 25: _____ S.26: _____

S. 27: _____ S.28: _____

S. 29: _____ S.30: _____

S. 31: _____ S.32: _____

S. 33: _____ S.34: _____

S. 35: _____ S.36: _____

S. 37: _____ S.38: _____

S. 39: _____ S.40: _____

S. 41: _____ S.42: _____

S. 43: _____ S.44: _____

S. 45: _____ S.46: _____

S. 47: _____ S.48: _____

S. 49: _____ S.50: _____

S. 51: _____ S.52: _____

S. 53: _____ S.54: _____

S. 55: _____ S.56: _____

S. 57: _____ S.58: _____

S. 59: _____ S.60: _____

S. 61: _____ S.62: _____

S. 63: _____ S.64: _____

S. 65: _____ S.66: _____

S. 67: _____ S.68: _____

S. 69: _____ S.70: _____

S. 71: _____ S.72: _____

S. 73: _____ S.74: _____

S. 75: _____ S.76: _____

S. 77: _____ S.78: _____

S. 79: _____ S.80: _____

Rezept für ___ **Portionen:** _____

Zutaten:

- _____   - _____
- _____   - _____
- _____   - _____
- _____   - _____
- _____   - _____
- _____   - _____
- _____   - _____
- _____   - _____

Zubereitung:

_____
_____
_____
_____
_____
_____
_____
_____
_____
_____
_____
_____
_____
_____
_____
_____

Vorbereitungs-/Koch-/Backzeit:_____

Rezept für ___ **Portionen:** _____

Zutaten:

- _____ - _____
- _____ - _____
- _____ - _____
- _____ - _____
- _____ - _____
- _____ - _____
- _____ - _____
- _____ - _____

Zubereitung:

_____
_____
_____
_____
_____
_____
_____
_____
_____
_____
_____
_____
_____
_____
_____
_____

Vorbereitungs-/Koch-/Backzeit:_____

Rezept für ___ Portionen: _____

Zutaten:

- _____   - _____
- _____   - _____
- _____   - _____
- _____   - _____
- _____   - _____
- _____   - _____
- _____   - _____
- _____   - _____

Zubereitung:

_____
_____
_____
_____
_____
_____
_____
_____
_____
_____
_____
_____
_____
_____
_____
_____
_____

Vorbereitungs-/Koch-/Backzeit:_____

Rezept für ___ Portionen: _____

Zutaten:

- _____   - _____
- _____   - _____
- _____   - _____
- _____   - _____
- _____   - _____
- _____   - _____
- _____   - _____
- _____   - _____

Zubereitung:

_____
_____
_____
_____
_____
_____
_____
_____
_____
_____
_____
_____
_____
_____
_____
_____

Vorbereitungs-/Koch-/Backzeit:_____

Rezept für ___ Portionen: _____

Zutaten:

- _____ - _____
- _____ - _____
- _____ - _____
- _____ - _____
- _____ - _____
- _____ - _____
- _____ - _____
- _____ - _____

Zubereitung:

_____

_____

_____

_____

_____

_____

_____

_____

_____

_____

_____

_____

_____

_____

_____

Vorbereitungs-/Koch-/Backzeit:_____

Rezept für ____ **Portionen:** _____

Zutaten:

- _____ - _____
- _____ - _____
- _____ - _____
- _____ - _____
- _____ - _____
- _____ - _____
- _____ - _____
- _____ - _____

Zubereitung:

_____
_____
_____
_____
_____
_____
_____
_____
_____
_____
_____
_____
_____
_____
_____
_____

Vorbereitungs-/Koch-/Backzeit:_____

Rezept für ___ Portionen: _____

Zutaten:

- _____ - _____
- _____ - _____
- _____ - _____
- _____ - _____
- _____ - _____
- _____ - _____
- _____ - _____
- _____ - _____

Zubereitung:

_____

_____

_____

_____

_____

_____

_____

_____

_____

_____

_____

_____

_____

_____

_____

_____

Vorbereitungs-/Koch-/Backzeit:_____

Rezept für ___ **Portionen:** _____

Zutaten:

- _____ - _____
- _____ - _____
- _____ - _____
- _____ - _____
- _____ - _____
- _____ - _____
- _____ - _____
- _____ - _____

Zubereitung:

_____
_____
_____
_____
_____
_____
_____
_____
_____
_____
_____
_____
_____
_____
_____
_____
_____

Vorbereitungs-/Koch-/Backzeit:_____

Rezept für ___ Portionen: _____

Zutaten:

- _____   - _____
- _____   - _____
- _____   - _____
- _____   - _____
- _____   - _____
- _____   - _____
- _____   - _____
- _____   - _____

Zubereitung:

_____

_____

_____

_____

_____

_____

_____

_____

_____

_____

_____

_____

_____

_____

_____

Vorbereitungs-/Koch-/Backzeit: _____

Rezept für ___ **Portionen:** _____

Zutaten:

- _____   - _____
- _____   - _____
- _____   - _____
- _____   - _____
- _____   - _____
- _____   - _____
- _____   - _____
- _____   - _____

Zubereitung:

_____
_____
_____
_____
_____
_____
_____
_____
_____
_____
_____
_____
_____
_____
_____
_____

Vorbereitungs-/Koch-/Backzeit: _____

Rezept für ___ Portionen: _____

Zutaten:

- _____ - _____
- _____ - _____
- _____ - _____
- _____ - _____
- _____ - _____
- _____ - _____
- _____ - _____
- _____ - _____

Zubereitung:

_____
_____
_____
_____
_____
_____
_____
_____
_____
_____
_____
_____
_____
_____
_____
_____

Vorbereitungs-/Koch-/Backzeit:_____

Rezept für ___ **Portionen:** _____

Zutaten:

- _____ - _____
- _____ - _____
- _____ - _____
- _____ - _____
- _____ - _____
- _____ - _____
- _____ - _____
- _____ - _____

Zubereitung:

_____
_____
_____
_____
_____
_____
_____
_____
_____
_____
_____
_____
_____
_____
_____
_____

Vorbereitungs-/Koch-/Backzeit:_____

Rezept für ___ Portionen: _____

Zutaten:

- _____ - _____
- _____ - _____
- _____ - _____
- _____ - _____
- _____ - _____
- _____ - _____
- _____ - _____
- _____ - _____

Zubereitung:

_____

_____

_____

_____

_____

_____

_____

_____

_____

_____

_____

_____

_____

_____

_____

Vorbereitungs-/Koch-/Backzeit:_____

Rezept für ___ Portionen: _____

Zutaten:

- _____ - _____
- _____ - _____
- _____ - _____
- _____ - _____
- _____ - _____
- _____ - _____
- _____ - _____
- _____ - _____

Zubereitung:

_____
_____
_____
_____
_____
_____
_____
_____
_____
_____
_____
_____
_____
_____

Vorbereitungs-/Koch-/Backzeit:_____

Rezept für ___ Portionen: _____

Zutaten:

- _____ - _____
- _____ - _____
- _____ - _____
- _____ - _____
- _____ - _____
- _____ - _____
- _____ - _____
- _____ - _____

Zubereitung:

_____

_____

_____

_____

_____

_____

_____

_____

_____

_____

_____

_____

_____

_____

_____

Vorbereitungs-/Koch-/Backzeit:_____

Rezept für ___ Portionen: _____

Zutaten:

- _____ - _____
- _____ - _____
- _____ - _____
- _____ - _____
- _____ - _____
- _____ - _____
- _____ - _____
- _____ - _____

Zubereitung:

_____
_____
_____
_____
_____
_____
_____
_____
_____
_____
_____
_____
_____
_____
_____
_____
_____

Vorbereitungs-/Koch-/Backzeit:_____

Rezept für ___ **Portionen:** _____

Zutaten:

- _____ - _____
- _____ - _____
- _____ - _____
- _____ - _____
- _____ - _____
- _____ - _____
- _____ - _____
- _____ - _____

Zubereitung:

_____
_____
_____
_____
_____
_____
_____
_____
_____
_____
_____
_____
_____
_____
_____
_____
_____

Vorbereitungs-/Koch-/Backzeit:_____

Rezept für ___ **Portionen:** _____

Zutaten:

- _____   - _____
- _____   - _____
- _____   - _____
- _____   - _____
- _____   - _____
- _____   - _____
- _____   - _____
- _____   - _____

Zubereitung:

_____
_____
_____
_____
_____
_____
_____
_____
_____
_____
_____
_____
_____
_____
_____
_____

Vorbereitungs-/Koch-/Backzeit:_____

Rezept für ___ Portionen: _____

Zutaten:

- _____ - _____
- _____ - _____
- _____ - _____
- _____ - _____
- _____ - _____
- _____ - _____
- _____ - _____
- _____ - _____

Zubereitung:

_____
_____
_____
_____
_____
_____
_____
_____
_____
_____
_____
_____
_____
_____
_____
_____

Vorbereitungs-/Koch-/Backzeit: _____

Rezept für ___ **Portionen:** _____

Zutaten:

- _____   - _____
- _____   - _____
- _____   - _____
- _____   - _____
- _____   - _____
- _____   - _____
- _____   - _____
- _____   - _____

Zubereitung:

_____
_____
_____
_____
_____
_____
_____
_____
_____
_____
_____
_____
_____
_____
_____
_____
_____

Vorbereitungs-/Koch-/Backzeit: _____

Rezept für ___ Portionen: _____

Zutaten:

- _____   - _____
- _____   - _____
- _____   - _____
- _____   - _____
- _____   - _____
- _____   - _____
- _____   - _____
- _____   - _____

Zubereitung:

_____
_____
_____
_____
_____
_____
_____
_____
_____
_____
_____
_____
_____
_____
_____
_____

Vorbereitungs-/Koch-/Backzeit:_____

Rezept für ___ **Portionen:** _____

Zutaten:

- _____   - _____
- _____   - _____
- _____   - _____
- _____   - _____
- _____   - _____
- _____   - _____
- _____   - _____
- _____   - _____

Zubereitung:

_____
_____
_____
_____
_____
_____
_____
_____
_____
_____
_____
_____
_____
_____
_____
_____

Vorbereitungs-/Koch-/Backzeit:_____

Rezept für ___ **Portionen:** _____

Zutaten:

- _____ - _____
- _____ - _____
- _____ - _____
- _____ - _____
- _____ - _____
- _____ - _____
- _____ - _____
- _____ - _____

Zubereitung:

_____
_____
_____
_____
_____
_____
_____
_____
_____
_____
_____
_____
_____
_____
_____

Vorbereitungs-/Koch-/Backzeit:_____

Rezept für ___ Portionen: _____

Zutaten:

- _____   - _____
- _____   - _____
- _____   - _____
- _____   - _____
- _____   - _____
- _____   - _____
- _____   - _____
- _____   - _____

Zubereitung:

_____
_____
_____
_____
_____
_____
_____
_____
_____
_____
_____
_____
_____
_____
_____
_____

Vorbereitungs-/Koch-/Backzeit:_____

Rezept für ___ **Portionen:** _____

Zutaten:

- _____   - _____
- _____   - _____
- _____   - _____
- _____   - _____
- _____   - _____
- _____   - _____
- _____   - _____
- _____   - _____

Zubereitung:

_____
_____
_____
_____
_____
_____
_____
_____
_____
_____
_____
_____
_____
_____
_____
_____

Vorbereitungs-/Koch-/Backzeit:_____

Rezept für ___ Portionen: _____

Zutaten:

- _____ - _____
- _____ - _____
- _____ - _____
- _____ - _____
- _____ - _____
- _____ - _____
- _____ - _____
- _____ - _____

Zubereitung:

_____
_____
_____
_____
_____
_____
_____
_____
_____
_____
_____
_____
_____
_____
_____
_____

Vorbereitungs-/Koch-/Backzeit:_____

Rezept für ___ **Portionen:** _____

Zutaten:

- _____ - _____
- _____ - _____
- _____ - _____
- _____ - _____
- _____ - _____
- _____ - _____
- _____ - _____
- _____ - _____

Zubereitung:

_____
_____
_____
_____
_____
_____
_____
_____
_____
_____
_____
_____
_____
_____
_____
_____

Vorbereitungs-/Koch-/Backzeit:_____

Rezept für ___ **Portionen:** _____

Zutaten:

- _____ - _____
- _____ - _____
- _____ - _____
- _____ - _____
- _____ - _____
- _____ - _____
- _____ - _____
- _____ - _____

Zubereitung:

_____
_____
_____
_____
_____
_____
_____
_____
_____
_____
_____
_____
_____
_____
_____
_____

Vorbereitungs-/Koch-/Backzeit:_____

Rezept für ___ **Portionen:** _____

Zutaten:

- _____   - _____
- _____   - _____
- _____   - _____
- _____   - _____
- _____   - _____
- _____   - _____
- _____   - _____
- _____   - _____

Zubereitung:

_____
_____
_____
_____
_____
_____
_____
_____
_____
_____
_____
_____
_____
_____
_____

Vorbereitungs-/Koch-/Backzeit:_____

Rezept für ___ **Portionen:** _____

Zutaten:

- _____ - _____
- _____ - _____
- _____ - _____
- _____ - _____
- _____ - _____
- _____ - _____
- _____ - _____
- _____ - _____

Zubereitung:

_____
_____
_____
_____
_____
_____
_____
_____
_____
_____
_____
_____
_____
_____
_____
_____
_____

Vorbereitungs-/Koch-/Backzeit:_____

Rezept für ___ Portionen: _____

Zutaten:

- _____   - _____
- _____   - _____
- _____   - _____
- _____   - _____
- _____   - _____
- _____   - _____
- _____   - _____
- _____   - _____

Zubereitung:

_____
_____
_____
_____
_____
_____
_____
_____
_____
_____
_____
_____
_____
_____
_____
_____

Vorbereitungs-/Koch-/Backzeit:_____

Rezept für ___ Portionen: _____

Zutaten:

- _____   - _____
- _____   - _____
- _____   - _____
- _____   - _____
- _____   - _____
- _____   - _____
- _____   - _____
- _____   - _____

Zubereitung:

_____
_____
_____
_____
_____
_____
_____
_____
_____
_____
_____
_____
_____
_____
_____
_____
_____

Vorbereitungs-/Koch-/Backzeit:_____

Rezept für ___ **Portionen:** _____

Zutaten:

- _____ - _____
- _____ - _____
- _____ - _____
- _____ - _____
- _____ - _____
- _____ - _____
- _____ - _____
- _____ - _____

Zubereitung:

_____
_____
_____
_____
_____
_____
_____
_____
_____
_____
_____
_____
_____
_____
_____
_____
_____

Vorbereitungs-/Koch-/Backzeit:_____

Rezept für ___ Portionen: _____

Zutaten:

- _____   - _____
- _____   - _____
- _____   - _____
- _____   - _____
- _____   - _____
- _____   - _____
- _____   - _____
- _____   - _____

Zubereitung:

_____
_____
_____
_____
_____
_____
_____
_____
_____
_____
_____
_____
_____
_____
_____

Vorbereitungs-/Koch-/Backzeit: _____

Rezept für ___ Portionen: _____

Zutaten:

- _____ - _____
- _____ - _____
- _____ - _____
- _____ - _____
- _____ - _____
- _____ - _____
- _____ - _____
- _____ - _____

Zubereitung:

_____
_____
_____
_____
_____
_____
_____
_____
_____
_____
_____
_____
_____
_____
_____
_____

Vorbereitungs-/Koch-/Backzeit:_____

Rezept für ___ **Portionen:** _____

Zutaten:

- _____   - _____
- _____   - _____
- _____   - _____
- _____   - _____
- _____   - _____
- _____   - _____
- _____   - _____
- _____   - _____

Zubereitung:

_____
_____
_____
_____
_____
_____
_____
_____
_____
_____
_____
_____
_____
_____
_____
_____

Vorbereitungs-/Koch-/Backzeit:_____

Rezept für ___ Portionen: _____

Zutaten:

- _____ - _____
- _____ - _____
- _____ - _____
- _____ - _____
- _____ - _____
- _____ - _____
- _____ - _____
- _____ - _____

Zubereitung:

_____
_____
_____
_____
_____
_____
_____
_____
_____
_____
_____
_____
_____
_____
_____
_____

Vorbereitungs-/Koch-/Backzeit:_____

Rezept für ____ **Portionen:** _____

Zutaten:

- _____ - _____
- _____ - _____
- _____ - _____
- _____ - _____
- _____ - _____
- _____ - _____
- _____ - _____
- _____ - _____

Zubereitung:

_____
_____
_____
_____
_____
_____
_____
_____
_____
_____
_____
_____
_____
_____
_____
_____

Vorbereitungs-/Koch-/Backzeit:_____

Rezept für ____ **Portionen:** _____

Zutaten:

- _____   - _____
- _____   - _____
- _____   - _____
- _____   - _____
- _____   - _____
- _____   - _____
- _____   - _____
- _____   - _____

Zubereitung:

_____
_____
_____
_____
_____
_____
_____
_____
_____
_____
_____
_____
_____
_____
_____
_____
_____

Vorbereitungs-/Koch-/Backzeit:_____

Rezept für ___ Portionen: _____

Zutaten:

- _____ - _____
- _____ - _____
- _____ - _____
- _____ - _____
- _____ - _____
- _____ - _____
- _____ - _____
- _____ - _____

Zubereitung:

_____
_____
_____
_____
_____
_____
_____
_____
_____
_____
_____
_____
_____
_____
_____
_____
_____
_____

Vorbereitungs-/Koch-/Backzeit:_____

Rezept für ___ Portionen: _____

Zutaten:

- _____ - _____
- _____ - _____
- _____ - _____
- _____ - _____
- _____ - _____
- _____ - _____
- _____ - _____
- _____ - _____

Zubereitung:

_____

_____

_____

_____

_____

_____

_____

_____

_____

_____

_____

_____

_____

_____

_____

Vorbereitungs-/Koch-/Backzeit:_____

Rezept für ___ **Portionen:** _____

Zutaten:

- _____ - _____
- _____ - _____
- _____ - _____
- _____ - _____
- _____ - _____
- _____ - _____
- _____ - _____
- _____ - _____

Zubereitung:

_____
_____
_____
_____
_____
_____
_____
_____
_____
_____
_____
_____
_____
_____
_____
_____

Vorbereitungs-/Koch-/Backzeit: _____

Rezept für ___ **Portionen:** _____

Zutaten:

- _____ - _____
- _____ - _____
- _____ - _____
- _____ - _____
- _____ - _____
- _____ - _____
- _____ - _____
- _____ - _____

Zubereitung:

_____
_____
_____
_____
_____
_____
_____
_____
_____
_____
_____
_____
_____
_____
_____

Vorbereitungs-/Koch-/Backzeit:_____

Rezept für ___ **Portionen:** _____

Zutaten:

- _____   - _____
- _____   - _____
- _____   - _____
- _____   - _____
- _____   - _____
- _____   - _____
- _____   - _____
- _____   - _____

Zubereitung:

_____
_____
_____
_____
_____
_____
_____
_____
_____
_____
_____
_____
_____
_____
_____
_____
_____

Vorbereitungs-/Koch-/Backzeit:_____

Rezept für ___ **Portionen:** _____

Zutaten:

- _____   - _____
- _____   - _____
- _____   - _____
- _____   - _____
- _____   - _____
- _____   - _____
- _____   - _____
- _____   - _____

Zubereitung:

_____
_____
_____
_____
_____
_____
_____
_____
_____
_____
_____
_____
_____
_____
_____
_____
_____
_____

Vorbereitungs-/Koch-/Backzeit:_____

Rezept für ___ Portionen: _____

Zutaten:

- _____ - _____
- _____ - _____
- _____ - _____
- _____ - _____
- _____ - _____
- _____ - _____
- _____ - _____
- _____ - _____

Zubereitung:

_____
_____
_____
_____
_____
_____
_____
_____
_____
_____
_____
_____
_____
_____
_____
_____
_____

Vorbereitungs-/Koch-/Backzeit:_____

Rezept für ___ Portionen: _____

Zutaten:

- _____ - _____
- _____ - _____
- _____ - _____
- _____ - _____
- _____ - _____
- _____ - _____
- _____ - _____
- _____ - _____

Zubereitung:

_____
_____
_____
_____
_____
_____
_____
_____
_____
_____
_____
_____
_____
_____
_____
_____
_____

Vorbereitungs-/Koch-/Backzeit:_____

Rezept für ___ **Portionen:** _____

Zutaten:

- _____   - _____
- _____   - _____
- _____   - _____
- _____   - _____
- _____   - _____
- _____   - _____
- _____   - _____
- _____   - _____

Zubereitung:

_____
_____
_____
_____
_____
_____
_____
_____
_____
_____
_____
_____
_____
_____
_____
_____
_____

Vorbereitungs-/Koch-/Backzeit:_____

Rezept für ___ **Portionen:** _____

Zutaten:

- _____   - _____
- _____   - _____
- _____   - _____
- _____   - _____
- _____   - _____
- _____   - _____
- _____   - _____
- _____   - _____

Zubereitung:

_____
_____
_____
_____
_____
_____
_____
_____
_____
_____
_____
_____
_____
_____
_____
_____

Vorbereitungs-/Koch-/Backzeit:_____

Rezept für ___ Portionen: _____

Zutaten:

- _____   - _____
- _____   - _____
- _____   - _____
- _____   - _____
- _____   - _____
- _____   - _____
- _____   - _____
- _____   - _____

Zubereitung:

_____
_____
_____
_____
_____
_____
_____
_____
_____
_____
_____
_____
_____
_____
_____
_____
_____

Vorbereitungs-/Koch-/Backzeit:_____

Rezept für ___ **Portionen:** _____

Zutaten:

- _____   - _____
- _____   - _____
- _____   - _____
- _____   - _____
- _____   - _____
- _____   - _____
- _____   - _____
- _____   - _____

Zubereitung:

_____
_____
_____
_____
_____
_____
_____
_____
_____
_____
_____
_____
_____
_____
_____
_____
_____

Vorbereitungs-/Koch-/Backzeit:_____

Rezept für ___ Portionen: _____

Zutaten:

- _____   - _____
- _____   - _____
- _____   - _____
- _____   - _____
- _____   - _____
- _____   - _____
- _____   - _____
- _____   - _____

Zubereitung:

_____
_____
_____
_____
_____
_____
_____
_____
_____
_____
_____
_____
_____
_____
_____
_____
_____

Vorbereitungs-/Koch-/Backzeit:_____

Rezept für ___ Portionen: _____

Zutaten:

- _____ - _____
- _____ - _____
- _____ - _____
- _____ - _____
- _____ - _____
- _____ - _____
- _____ - _____
- _____ - _____

Zubereitung:

_____
_____
_____
_____
_____
_____
_____
_____
_____
_____
_____
_____
_____
_____
_____
_____

Vorbereitungs-/Koch-/Backzeit: _____

Rezept für ___ Portionen: _____

Zutaten:

- _____ - _____
- _____ - _____
- _____ - _____
- _____ - _____
- _____ - _____
- _____ - _____
- _____ - _____
- _____ - _____

Zubereitung:

_____
_____
_____
_____
_____
_____
_____
_____
_____
_____
_____
_____
_____
_____
_____
_____

Vorbereitungs-/Koch-/Backzeit:_____

Rezept für ___ **Portionen:** _____

Zutaten:

- _____ - _____
- _____ - _____
- _____ - _____
- _____ - _____
- _____ - _____
- _____ - _____
- _____ - _____
- _____ - _____

Zubereitung:

_____
_____
_____
_____
_____
_____
_____
_____
_____
_____
_____
_____
_____
_____
_____
_____

Vorbereitungs-/Koch-/Backzeit:_____

Rezept für ___ **Portionen:** _____

Zutaten:

- _____ - _____
- _____ - _____
- _____ - _____
- _____ - _____
- _____ - _____
- _____ - _____
- _____ - _____
- _____ - _____

Zubereitung:

_____
_____
_____
_____
_____
_____
_____
_____
_____
_____
_____
_____
_____
_____
_____
_____

Vorbereitungs-/Koch-/Backzeit:_____

Rezept für ___ **Portionen:** _____

Zutaten:

- _____   - _____
- _____   - _____
- _____   - _____
- _____   - _____
- _____   - _____
- _____   - _____
- _____   - _____
- _____   - _____

Zubereitung:

_____

_____

_____

_____

_____

_____

_____

_____

_____

_____

_____

_____

_____

_____

_____

_____

_____

Vorbereitungs-/Koch-/Backzeit:_____

Rezept für ___ Portionen: _____

Zutaten:

- _____   - _____
- _____   - _____
- _____   - _____
- _____   - _____
- _____   - _____
- _____   - _____
- _____   - _____
- _____   - _____

Zubereitung:

_____

Vorbereitungs-/Koch-/Backzeit:_____

Rezept für ___ **Portionen:** _____

Zutaten:

- _____   - _____
- _____   - _____
- _____   - _____
- _____   - _____
- _____   - _____
- _____   - _____
- _____   - _____
- _____   - _____

Zubereitung:

_____
_____
_____
_____
_____
_____
_____
_____
_____
_____
_____
_____
_____
_____
_____
_____
_____

Vorbereitungs-/Koch-/Backzeit:_____

Rezept für ___ **Portionen:** _____

Zutaten:

- _____ - _____
- _____ - _____
- _____ - _____
- _____ - _____
- _____ - _____
- _____ - _____
- _____ - _____
- _____ - _____

Zubereitung:

_____

_____

_____

_____

_____

_____

_____

_____

_____

_____

_____

_____

_____

_____

_____

Vorbereitungs-/Koch-/Backzeit:_____

Rezept für ___ **Portionen:** _____

Zutaten:

- _____ - _____
- _____ - _____
- _____ - _____
- _____ - _____
- _____ - _____
- _____ - _____
- _____ - _____
- _____ - _____

Zubereitung:

_____
_____
_____
_____
_____
_____
_____
_____
_____
_____
_____
_____
_____
_____
_____
_____

Vorbereitungs-/Koch-/Backzeit:_____

Rezept für ___ Portionen: _____

Zutaten:

- _____   - _____
- _____   - _____
- _____   - _____
- _____   - _____
- _____   - _____
- _____   - _____
- _____   - _____
- _____   - _____

Zubereitung:

_____
_____
_____
_____
_____
_____
_____
_____
_____
_____
_____
_____
_____
_____
_____
_____

Vorbereitungs-/Koch-/Backzeit:_____

Rezept für ___ Portionen: _____

Zutaten:

- _____ - _____
- _____ - _____
- _____ - _____
- _____ - _____
- _____ - _____
- _____ - _____
- _____ - _____
- _____ - _____

Zubereitung:

_____

_____

_____

_____

_____

_____

_____

_____

_____

_____

_____

_____

_____

_____

_____

_____

Vorbereitungs-/Koch-/Backzeit:_____

Rezept für ___ **Portionen:** _____

Zutaten:

- _____ - _____
- _____ - _____
- _____ - _____
- _____ - _____
- _____ - _____
- _____ - _____
- _____ - _____
- _____ - _____

Zubereitung:

_____
_____
_____
_____
_____
_____
_____
_____
_____
_____
_____
_____
_____
_____
_____
_____

Vorbereitungs-/Koch-/Backzeit:_____

Rezept für ___ Portionen: _____

Zutaten:

- _____ - _____
- _____ - _____
- _____ - _____
- _____ - _____
- _____ - _____
- _____ - _____
- _____ - _____
- _____ - _____

Zubereitung:

_____
_____
_____
_____
_____
_____
_____
_____
_____
_____
_____
_____
_____
_____
_____
_____
_____

Vorbereitungs-/Koch-/Backzeit:_____

Rezept für ___ **Portionen:** _____

Zutaten:

- _____ - _____
- _____ - _____
- _____ - _____
- _____ - _____
- _____ - _____
- _____ - _____
- _____ - _____
- _____ - _____

Zubereitung:

_____
_____
_____
_____
_____
_____
_____
_____
_____
_____
_____
_____
_____
_____
_____
_____

Vorbereitungs-/Koch-/Backzeit:_____

Rezept für ___ Portionen: _____

Zutaten:

- _____ - _____
- _____ - _____
- _____ - _____
- _____ - _____
- _____ - _____
- _____ - _____
- _____ - _____
- _____ - _____

Zubereitung:

_____

_____

_____

_____

_____

_____

_____

_____

_____

_____

_____

_____

_____

_____

_____

_____

Vorbereitungs-/Koch-/Backzeit:_____

Rezept für ___ **Portionen:** _____

Zutaten:

- _____ - _____
- _____ - _____
- _____ - _____
- _____ - _____
- _____ - _____
- _____ - _____
- _____ - _____
- _____ - _____

Zubereitung:

_____
_____
_____
_____
_____
_____
_____
_____
_____
_____
_____
_____
_____
_____
_____
_____

Vorbereitungs-/Koch-/Backzeit:_____

Rezept für ___ **Portionen:** _____

Zutaten:

- _____   - _____
- _____   - _____
- _____   - _____
- _____   - _____
- _____   - _____
- _____   - _____
- _____   - _____
- _____   - _____

Zubereitung:

_____
_____
_____
_____
_____
_____
_____
_____
_____
_____
_____
_____
_____
_____
_____
_____

Vorbereitungs-/Koch-/Backzeit:_____

Rezept für ___ **Portionen:** _____

Zutaten:

- _____   - _____
- _____   - _____
- _____   - _____
- _____   - _____
- _____   - _____
- _____   - _____
- _____   - _____
- _____   - _____

Zubereitung:

_____
_____
_____
_____
_____
_____
_____
_____
_____
_____
_____
_____
_____
_____
_____
_____

Vorbereitungs-/Koch-/Backzeit:_____

Rezept für ___ Portionen: _____

Zutaten:

- _____ - _____
- _____ - _____
- _____ - _____
- _____ - _____
- _____ - _____
- _____ - _____
- _____ - _____
- _____ - _____

Zubereitung:

_____
_____
_____
_____
_____
_____
_____
_____
_____
_____
_____
_____
_____
_____
_____
_____
_____
_____

Vorbereitungs-/Koch-/Backzeit:_____

Rezept für ___ Portionen: _____

Zutaten:

- _____ - _____
- _____ - _____
- _____ - _____
- _____ - _____
- _____ - _____
- _____ - _____
- _____ - _____
- _____ - _____

Zubereitung:

_____

_____

_____

_____

_____

_____

_____

_____

_____

_____

_____

_____

_____

_____

_____

Vorbereitungs-/Koch-/Backzeit:_____

Rezept für ___ Portionen: _____

Zutaten:

- _____   - _____
- _____   - _____
- _____   - _____
- _____   - _____
- _____   - _____
- _____   - _____
- _____   - _____
- _____   - _____

Zubereitung:

_____
_____
_____
_____
_____
_____
_____
_____
_____
_____
_____
_____
_____
_____
_____
_____
_____

Vorbereitungs-/Koch-/Backzeit: _____

Rezept für ___ Portionen: _____

Zutaten:

- _____ - _____
- _____ - _____
- _____ - _____
- _____ - _____
- _____ - _____
- _____ - _____
- _____ - _____
- _____ - _____

Zubereitung:

_____
_____
_____
_____
_____
_____
_____
_____
_____
_____
_____
_____
_____
_____
_____
_____

Vorbereitungs-/Koch-/Backzeit:_____

Rezept für ___ Portionen: _____

Zutaten:

- _____   - _____
- _____   - _____
- _____   - _____
- _____   - _____
- _____   - _____
- _____   - _____
- _____   - _____
- _____   - _____

Zubereitung:

_____
_____
_____
_____
_____
_____
_____
_____
_____
_____
_____
_____
_____
_____
_____

Vorbereitungs-/Koch-/Backzeit: _____

Rezept für ___ Portionen: _____

Zutaten:

- _____ - _____
- _____ - _____
- _____ - _____
- _____ - _____
- _____ - _____
- _____ - _____
- _____ - _____
- _____ - _____

Zubereitung:

_____

_____

_____

_____

_____

_____

_____

_____

_____

_____

_____

_____

_____

_____

_____

Vorbereitungs-/Koch-/Backzeit:_____

Rezept für ___ **Portionen:** _____

Zutaten:

- _____   - _____
- _____   - _____
- _____   - _____
- _____   - _____
- _____   - _____
- _____   - _____
- _____   - _____
- _____   - _____

Zubereitung:

Vorbereitungs-/Koch-/Backzeit:_____

Rezept für ____ **Portionen:** _____

Zutaten:

- _____   - _____
- _____   - _____
- _____   - _____
- _____   - _____
- _____   - _____
- _____   - _____
- _____   - _____
- _____

Zubereitung:

_____
_____
_____
_____
_____
_____
_____
_____
_____
_____
_____
_____
_____
_____
_____
_____

Vorbereitungs-/Koch-/Backzeit:_____

Rezept für ___ **Portionen:** _____

Zutaten:

- _____ - _____
- _____ - _____
- _____ - _____
- _____ - _____
- _____ - _____
- _____ - _____
- _____ - _____
- _____ - _____

Zubereitung:

_____
_____
_____
_____
_____
_____
_____
_____
_____
_____
_____
_____
_____
_____
_____
_____

Vorbereitungs-/Koch-/Backzeit:_____

Rezept für ___ **Portionen:** _____

Zutaten:

- _____   - _____
- _____   - _____
- _____   - _____
- _____   - _____
- _____   - _____
- _____   - _____
- _____   - _____
- _____   - _____

Zubereitung:

_____
_____
_____
_____
_____
_____
_____
_____
_____
_____
_____
_____
_____
_____
_____
_____

Vorbereitungs-/Koch-/Backzeit:_____

NOTIZEN

NOTIZEN

NOTIZEN

Disclaimer

Die Inhalte dieses Buches wurden mit größter Sorgfalt erstellt. Eine Haftung für Personen-, Sach- und Vermögensschäden ist ausgeschlossen. Für die Richtigkeit, Vollständigkeit und Aktualität der Inhalte können wir jedoch keine Gewähr übernehmen. Dieses Buch enthält Links zu externen Webseiten Dritter, auf deren Inhalte wir keinen Einfluss haben. Deshalb können wir für diese fremden Inhalte auch keine Gewähr übernehmen. Für die Inhalte der verlinkten Seiten ist stets der jeweilige Anbieter oder Betreiber der Seiten verantwortlich. Die verlinkten Seiten wurden zum Zeitpunkt der Verlinkung auf mögliche Rechtsverstöße überprüft. Rechtswidrige Inhalte waren zum Zeitpunkt der Verlinkung nicht erkennbar. Eine permanente inhaltliche Kontrolle der verlinkten Seiten ist jedoch ohne konkrete Anhaltspunkte einer Rechtsverletzung nicht zumutbar. Bei Bekanntwerden von Rechtsverletzungen werden wir derartige Links umgehend entfernen.

Urheberrecht/Leistungsschutzrecht

Die veröffentlichten Inhalte, Werke und bereitgestellten Informationen unterliegen dem deutschen Urheberrecht und Leistungsschutzrecht. Jede Art der Vervielfältigung, Bearbeitung, Verbreitung, Einspeicherung und jede Art der Verwertung außerhalb der Grenzen des Urheberrechts bedarf der vorherigen schriftlichen Zustimmung des jeweiligen Rechteinhabers. Das unerlaubte Kopieren/Speichern der bereitgestellten Informationen auf diesen Seiten ist nicht gestattet und strafbar.